Barbara Cratzius
Helga Mondschein
Ursula Harper

St. Nikolaus

Legenden, Lieder & Geschichten

benno

Wir warten auf den Nikolaus

St. Niklaus ist ein frommer Mann,
der fährt weit übers Meer.
Er hat die vielen Kinder lieb,
schleppt seinen Sack uns her.
Ganz brav trabt auch der Esel mit
und spitzt die grauen Ohren.
Nur langsam geht die weite Fahrt,
habt ihr auch nichts verloren?
Was seh ich da in Eis und Schnee?
Rosinen, Mandelkern,
auch rote Äpfel, Marzipan,
die ess ich gar zu gern.
Und hier – ist das nicht Engelshaar
auf grünen Tannenspitzen?
Und golden auf den Zweigen dort
seh ich die Sterne blitzen.
Bald werden wir dich, Niklaus, sehn,
wir zünden an ein Licht!
Doch lass die Rute draußen stehn,
nun komm, vergiss uns nicht!

Alle Jahre wieder

Alle Jahre wieder
kommt der Nikolaus,
fährt mit seinem Schlitten
nachts von Haus zu Haus.

Knirschend hält der Schlitten
bald vor unserm Haus.
Heimlich trägt der Nikolaus
seine Gaben aus.

Sieht er meine Schuhe,
die stehn vor der Tür?
Bringt er wohl die Puppe
und den Bären mir?

Und am nächsten Morgen
riecht's im ganzen Haus.
Äpfel, Zimt und Nüsse
bringt der Nikolaus.

Lasst uns froh und munter sein

Text und Melodie: aus dem Hunsrück

Dann stell ich den Teller auf,
Niklaus legt gewiss was drauf.

Wenn ich schlaf, dann träume ich:
Jetzt bringt Niklaus was für mich.

Wenn ich aufgestanden bin,
lauf ich schnell zum Teller hin.

Niklaus ist ein guter Mann,
dem man nicht g'nug danken kann.

Heiliger Sankt Nikolaus

Text: Barbara Cratzius; Melodie: volkstümlich

Hei-li-ger Sankt Ni-ko-laus, kom-me auch in un-ser Haus! Ma-che uns-re Her-zen weit! Mach uns gut und hilfs-be-reit! Lass uns an die Ar-men den-ken, ger-ne ei-ne Ga-be schen-ken.

Heiliger Sankt Nikolaus,
teil uns deine Gaben aus!
Komm noch heut! Schenk uns Freud.
Komm noch heut! Schenk uns Freud.
Leg in Schuh und Teller ein,
was des Herrgotts Will' mag sein!

Heiliger Sankt Nikolaus,
komme auch in unser Haus!
Immer denke ich daran,
denke an den heilgen Mann,
der mich glauben, lieben heißt
und den Weg zum Himmel weist.

Niklaus halt den Schlitten an

Lasst uns froh und munter sein
und uns auf den Niklaus freu'n.
Niklaus, Niklaus, guter Mann,
hör doch unsre Bitten an!

Niklaus, Niklaus, guter Mann,
halt vorm Haus den Schlitten an,
denn wir Kinder warten sehr:
Schlepp den schweren Sack doch her!

Niklaus, klopf an unsre Tür,
sind nur liebe Kinder hier,
hör, wir bringen dir ein Lied
und ich singe ganz laut mit.

Niklaus, Niklaus, guter Mann,
der uns so viel geben kann,
was trägst du wohl huckepack?
Öffne deinen schweren Sack!

Lasst uns froh und munter sein
und uns recht von Herzen freu'n.
Lustig, lustig, tra-le-ra-le-ra,
jetzt ist Niklausabend da!

Wie Nikolaus zum Bischof gewählt wurde

In Myra war der alte Bischof gestorben. Die Leute suchten einen Nachfolger. Einer sagte: „Heute Nacht hatte ich einen Traum. Eine Stimme sprach zu mir: ‚Gott wird den rechten Mann für unsere Stadt Myra aussuchen. Wer morgen früh als Erster die Kirche betritt und Nikolaus heißt, soll unser Bischof werden!'" Alle waren einverstanden, auf die Stimme zu hören.
Nikolaus ging regelmäßig zum Gottesdienst in die Kirche. Er war ein frommer Mann. An diesem Tag war er der Erste, der die Kirche betrat. Da riefen alle Leute: „Das soll unser neuer Bischof sein!" Und so wurde Nikolaus Bischof von Myra.

Wie Nikolaus einem armen Mann half

Ein armer Mann hatte drei Töchter. Damals war es Brauch, Geld zu zahlen, damit die Töchter einen Mann finden konnten. Der arme Mann hatte aber kein Geld. Er jammerte und rief: „Ich kann meinen Töchtern keine Aussteuer geben. Woher soll ich nur das Geld nehmen?"
Eines Nachts hörte man, wie drei große Geldbeutel ins Zimmer fielen. Die drei Mädchen hörten das auch und liefen vor das Haus, um nachzusehen, wer die Geldbeutel durch das offene Fenster hineingeworfen hatte. Aber sie konnten niemanden sehen. Doch der arme Mann wusste sofort, von wem das Geld stammt. „Das ist ein Geschenk vom Nikolaus!", rief er dankbar. Nun konnte er seine drei Töchter verheiraten.

Wie Nikolaus den Bewohnern von Myra in einer Hungersnot beistand

Eines Tages kam eine Hungersnot über die Stadt Myra. Es hatte lange nicht geregnet , und überall vertrocknete das Land. Es gab nichts mehr zu essen. Aber im Hafen lagen Schiffe, schwer beladen mit Getreide. „Das kann unsere Rettung sein!", sagten die hungernden Menschen. Aber die Seeleute gaben nichts von ihrem Korn her, denn sie hatten den Auftrag, das ganze Getreide nach Konstantinopel zu bringen. Die Seeleute sprachen: „Das Korn ist für die Hauptstadt und gehört dem Kaiser!"
Bischof Nikolaus hörte das und erinnerte sie daran, dass man in solcher Not teilen muss. Er versprach ihnen, dass in Konstantinopel nichts von dem Getreide fehlen würde. Da öffneten die Seeleute die Weizensäcke und teilten davon aus. Als die Schiffe nach wenigen Tagen in Konstantinopel ankamen und das Getreide dort entladen und gewogen wurde, stellten die Seeleute erstaunt fest, dass tatsächlich kein Gramm Getreide fehlte.

Nikolaus, wir danken dir

Wer stapft nachts durch unsre Straßen?
Schleicht ganz leis in unser Haus?
Und vergisst auch nicht unsre Tür?
Nikolaus, wir danken dir.

Nikolaus, du bist lieb und gut,
halfst den Schiffern in der Flut.
Schenktest Korn und Mehl und Brot,
halfst vielen Menschen in der Not.